À TRÈS **PETITS PAS**

Le Moyen Âge

L'Institut national de recherches archéologiques préventives

L'Institut national de recherches archéologiques préventives (Inrap) a été créé en 2002.
Son rôle est de sauvegarder les vestiges archéologiques en les étudiant. C'est ce que font chaque jour les 1 800 archéologues qui travaillent à l'Inrap. Car toutes ces traces du passé sont menacées par la construction de routes, d'autoroutes, de voies ferrées, d'immeubles, de parkings souterrains...
Les archéologues interviennent donc avant les pelles mécaniques et les bulldozers.
Une fois qu'ils ont étudié les vestiges archéologiques (objets de la vie courante, murs, traces de maisons, squelettes...), les travaux de construction peuvent débuter.
Grâce aux fouilles des archéologues, on en sait plus sur la vie de nos ancêtres, des plus proches aux plus lointains.

www.inrap.fr

Directrice de collection : Claire Laurens
Édition simplifiée de *Le Moyen Âge à petits pas,* Actes Sud, 2010
Éditrice : Isabelle Péhourticq assistée de Marine Tasso
Éditrice Inrap : Sandrine Bachmeyer
Directeur de création : Kamy Pakdel
Directeur artistique : Guillaume Berga
Maquette : Christelle Grossin

ISBN : 978-2-330-03925-7
Loi 49-956 du 16 juillet 1949 sur les publications destinées à la jeunesse.
Reproduit et achevé d'imprimer en décembre 2014 par l'imprimerie Pollina à Luçon - L70408D
pour le compte des éditions ACTES SUD, Le Méjan, Place Nina-Berberova, 13200 Arles
Dépôt légal 1re édition : janvier 2015

Le Moyen Âge

VINCENT CARPENTIER
Illustrations : MARIE DE MONTI

ACTES SUD JUNIOR   Inrap

1

Qu'est-ce que le Moyen Âge ?

Le Moyen Âge commence au VIe siècle et se termine au XVe siècle : il dure donc mille ans !

Pourquoi l'appelle-t-on "Moyen Âge" ?

On parle de Moyen Âge parce que cette période est située dans l'histoire entre l'Antiquité et l'époque moderne. Mais ce n'est pas un âge moyen, bien au contraire !

Les hommes du Moyen Âge ont bâti de grands **châteaux** et des **cathédrales**. Ils ont perfectionné des machines comme les **moulins** ou les **forges**, développé l'agriculture et l'artisanat, construit des **ponts** et des **navires**. Ils ont découvert des pays lointains et, finalement, l'Amérique.

Mais comment le sait-on ?

On le sait grâce aux **historiens** et aux **archéologues**. Les historiens étudient les textes anciens. Les archéologues fouillent le sol pour retrouver les traces de la vie quotidienne : objets, murs, os animaux ou humains et même restes microscopiques de plantes.

VRAIE HISTOIRE ET CONTES DE FÉES

Attention à ne pas confondre le vrai Moyen Âge avec celui des films, des légendes ou des contes de fées ! Shrek, Blanche-Neige ou les dragons n'ont jamais existé.

2

Qui fait quoi au Moyen Âge ?

Ceux qui commandent sont les seigneurs. Certains sont des chevaliers, d'autres sont des gens d'Église.

Seigneurs et vilains

Les seigneurs possèdent des terres. Les plus puissants commandent à des milliers de gens, pour la plupart des paysans appelés "vilains". Cela ne veut pas dire qu'ils sont moches ou méchants ! Tous payent des **impôts** à leur seigneur en échange de sa **protection**.

Le roi

Le roi est le seigneur des seigneurs. Tous les habitants du royaume sont ses **sujets**. Les seigneurs lui rendent hommage et l'accompagnent à la guerre. Les plus puissants, ducs, comtes, barons, font partie de sa cour. S'ils lui désobéissent, le roi peut confisquer leurs biens que l'on nomme **fiefs**. Le roi doit faire régner l'ordre et la justice.

Les clercs

Il y a aussi des clercs ou **gens d'Église**, prêtres et évêques, moines et abbés. Le pape est à leur tête. Ces religieux sont les gardiens du savoir et de l'écriture. Ils recopient les livres à la main. Certains sont de grands savants qui enseignent dans des écoles le latin, les sciences et la philosophie.

3

Où habitent les paysans au Moyen Âge ?

Neuf personnes sur dix vivent à la campagne. L'agriculture nourrit tout le monde, une mauvaise récolte et c'est la famine ! Les paysans vivent dans des villages ou des fermes isolées.

Les maisons des paysans

Au début du Moyen Âge, ce sont des **huttes** creusées dans le sol et couvertes de branches ou des **cabanes** en terre et en bois. Plus tard, les **maisons** s'agrandissent. Elles ont des murs en pierre et un toit de tuiles ou d'ardoises.

La famille paysanne vit et dort dans une ou deux pièces. Le soir, tout le monde se serre autour du foyer ou de la cheminée. Dans les régions froides, les animaux passent l'hiver sous le même toit que les hommes, avec qui ils partagent leur chaleur.

DISPARUS OU CONSERVÉS ?

Lorsqu'ils fouillent une maison, les archéologues retrouvent souvent des objets en métal, comme les clous ou les clés, de la poterie ou de la pierre. Le bois, la paille ou le tissu ont presque toujours disparu, sauf quand ils ont été conservés au fond d'un lac ou d'une rivière.

4

Quels sont les travaux des paysans au Moyen Âge ?

Agriculteurs et éleveurs

Les paysans font pousser des **céréales**, des légumes et du fourrage pour leur bétail. Ils cultivent les pommes et la vigne dont ils font du cidre et du vin, et cueillent aussi des fruits sauvages.
Ils ont des chats et des chiens. Ils élèvent des poules, des oies, des porcs, des chèvres, des moutons, des vaches, des ânes et des chevaux. Ils ont aussi des ruches qui leur fournissent du miel.

Chasse et pêche

Les paysans braconnent parfois en posant des pièges pour capturer de petits animaux. Gare à eux s'ils se font prendre ! Seul le seigneur a le droit de chasser sur ses terres avec des chevaux et des chiens ou avec des rapaces dressés.
Les paysans vont aussi à la pêche. Près des monastères, les moines leur font creuser des étangs pour y élever des poissons qu'ils attrapent avec de grands filets.

L'ARCHÉOZOOLOGUE

Ce spécialiste étudie les restes d'animaux découverts sur les chantiers de fouille. Grâce à lui, on sait quels animaux étaient chassés, élevés ou mangés au Moyen Âge. Sais-tu que le lapin ou la carpe n'existaient pas en France avant cette époque ?

5

À quoi ressemble une ville au Moyen Âge ?

Les villes n'abritent qu'un homme sur dix environ mais elles sont pleines de vie !

Vieilles cités et villes nouvelles

De nombreuses cités existaient déjà avant le Moyen Âge. Les plus grandes deviennent alors des capitales où l'on trouve un **palais** et une **cathédrale**.
Des villes nouvelles sont créées près d'un port, d'une grande route ou d'un fleuve, à la place d'un ancien village ou non loin d'un château.

Un monde très vivant !

La population des villes est nombreuse et le commerce actif. On y tient des foires et des marchés où marchands et clients viennent parfois de très loin.

Des villes protégées

Les villes sont entourées d'une grande **enceinte**, avec des portes gardées. Les quartiers sont séparés par des rues étroites. La hauteur des maisons reflète la fortune de ses habitants.

Des villes sales et dangereuses

Les villes n'ont ni égouts ni toilettes modernes. Les risques d'**épidémies** et d'**incendies** sont importants.

DANS LE "VENTRE" DES VILLES

Le travail des archéologues est essentiel pour connaître le passé des villes. En creusant dans leur sol, ils retrouvent les vestiges de rues et de bâtiments disparus.

6

À quoi sert un château au Moyen Âge ?

Un château est à la fois une forteresse militaire, un centre de pouvoir et une habitation. Il est bâti sur un lieu stratégique : en haut d'un col, sur un croisement de routes, à côté d'une ville ou d'un village.

Les premiers châteaux du Moyen Âge

On les construit d'abord en **terre** et en **bois**, puis en **pierre**. Selon sa puissance et sa richesse, un seigneur peut avoir un château plus ou moins grand. Il en a besoin pour défendre son territoire contre les seigneurs voisins.

Maisons fortes et grands châteaux forts

Les seigneurs les plus modestes se font bâtir des **maisons fortes**, en terre et en bois, souvent entourées d'un fossé et perchées sur un terre-plein. Les plus puissants ont les moyens de faire construire de **grands châteaux forts**, avec des fossés, des murailles, des tours, un pont-levis et un donjon.

LES CHÂTEAUX ONT UNE HISTOIRE !

Les archéologues observent les murs encore debout et fouillent ce qui est enfoui dans le sol des châteaux pour retrouver les murailles, les tours, les donjons...

7

Pourquoi parle-t-on de Moyen Âge chrétien ?

La première religion d'Europe est alors le christianisme.

Les premiers chrétiens

Apparu durant l'Antiquité, le **christianisme** se répand au début du Moyen Âge. Des moines évangélisent les villes et les campagnes. Clovis, roi des Francs, se fait baptiser à la fin du Ve siècle.

Le sacre du roi

Le roi de France est un personnage sacré, car on croit qu'il a été **choisi par Dieu** pour régner. C'est l'archevêque de Reims qui le sacre, en déposant sur son front **une huile** qui, selon la légende, aurait été apportée par une colombe.

Des clochers partout !

Villes et villages abritent tous des **églises**. Les moines vivent dans les **monastères**.

Vers le ciel !

Les vertigineux clochers des cathédrales sont construits sous les ordres d'**architectes** géniaux, qui s'efforcent d'atteindre le ciel. Des maçons, tailleurs de pierre, sculpteurs, verriers, forgerons s'activent sur des **chantiers** qui durent parfois **plus d'un siècle** !

LES JUIFS AU MOYEN ÂGE

Il n'y a pas que des chrétiens en France au Moyen Âge. Une autre religion est importante : le judaïsme. Les juifs vivent dans des quartiers séparés. Parfois, les archéologues retrouvent les traces de leurs maisons, écoles ou lieux de culte (synagogues).

8

Que mange-t-on au Moyen Âge ?

L'aliment de base est le pain, que l'on mange avec des œufs, du lard ou du poisson.

De la cuisson...

On cuisine dans des **pots**, placés sous la cendre, ou bien dans des récipients avec un manche appelés **lèchefrites** ou **coquemars**. On fait ensuite le service dans de grands plats.

... à la table

Mettons la table : d'abord le **pain**, découpé en larges tranches épaisses qui vont servir d'assiettes. Puis, le **couteau**, pour couper et piquer les aliments dans les plats. La **cuillère** sert au service des sauces, des légumes et des potages. Il n'y a pas de fourchettes !

Du paon et de la baleine à la table des seigneurs !

Les seigneurs dégustent des aliments rares comme du **paon**, du **cygne**, de la **baleine** et de l'**esturgeon**. Les cuisiniers préparent des sauces colorées et très relevées avec des épices venant de pays lointains. Le **vin** et les desserts sont également épicés. Le **sucre** provient des fruits et surtout du miel produit dans les ruches.

DES POTERIES BIEN BAVARDES

Les poteries découvertes lors des fouilles archéologiques renseignent sur les manières de manger, de boire et de cuisiner.

9

Comment fait-on ses courses au Moyen Âge ?

Les pièces de monnaie les plus fréquentes sont en bronze. Les pièces en or sont rares. Le denier d'argent sert aux seigneurs à acheter des biens précieux, comme des chevaux ou des fourrures.

Fabriquer la monnaie, une affaire d'hommes puissants !

Seul le roi ou de puissants seigneurs ont le droit de faire **battre monnaie** dans des ateliers spéciaux. Les pièces sont des rondelles de métal que l'on martèle pour imprimer le nom du roi ou du seigneur, avec un symbole, une croix, un château, un portrait de profil. C'est pour cela que celles découvertes lors de fouilles archéologiques ne sont pas toujours bien rondes.

Faire son marché au Moyen Âge

Au village ou en ville, le **marché** a lieu un jour précis de la semaine. Les **foires** sont beaucoup plus importantes et se tiennent dans des villes, une fois par an, généralement lors d'une fête religieuse, la Saint-Martin par exemple. De très grandes foires comme celles de Troyes, en Champagne, où l'on négocie les draps, attirent des marchands et des clients de toute l'Europe.

10

Que fabrique-t-on au Moyen Âge ?

Les gens du Moyen Âge ont amélioré beaucoup d'outils et de techniques inventés durant l'Antiquité. L'artisanat et l'économie sont en plein essor.

Partout des artisans !

De nombreux objets de la vie quotidienne sont fabriqués à la maison. Mais la **forge**, la **poterie** ou la **teinturerie** sont établies dans des ateliers à la campagne ou en ville. Ce sont de véritables métiers d'artisans. Il existe des **mines** d'où l'on extrait le métal, des **moulins** à vent ou à eau équipés pour travailler les étoffes ou le fer, des fours de verrier...

Au four et au moulin du seigneur

Les seigneurs tirent profit de l'artisanat en taxant les produits et leur vente dans les villes, les ports, les villages, à l'occasion des foires et des marchés. De plus, les vilains doivent acheter leur pain au four du seigneur, ou faire moudre leur blé à son moulin, même s'ils vivent plus près d'un autre. Sinon, gare à l'amende !

DES MILLIERS D'OBJETS SOUS NOS PIEDS !

Les poteries, les monnaies, les restes de tissus, les objets en verre et en fer découverts lors des fouilles archéologiques permettent de connaître la vie quotidienne au Moyen Âge.

11

Comment se déplace-t-on au Moyen Âge ?

Même s'il n'y a pas encore d'autoroute, des routes, des ponts et des ports permettent de circuler d'une ville à l'autre et de transporter des marchandises vers les foires et les marchés.

Par les chemins et les routes

De grandes **routes de pierre** relient les villes mais le pays est parcouru de **chemins de terre**. Les gens vont à pied, à cheval ou en chariot. On utilise beaucoup les ânes pour porter des charges lourdes.

Au fil de l'eau

L'hiver, les chemins sont embourbés et la meilleure façon de se déplacer est par le fleuve ou la rivière, que l'on parcourt en **barque** ou en **bateau**. On peut y transporter des marchandises très lourdes, des pierres ou du bois.

Les ports et la mer

On fréquente beaucoup les ports au Moyen Âge. Certains sont des quais en pierre ou en bois, mais d'autres sont naturels : les bateaux sont simplement tirés sur le sable.

DES BATEAUX AU FOND DE L'EAU !

Les archéologues découvrent parfois des épaves de bateaux. Ils les fouillent en plongeant avec un masque, des palmes et des bouteilles à oxygène.

12

Parcourt-on le monde au Moyen Âge ?

Au début du Moyen Âge, beaucoup de peuples, Germains, Huns, Vikings, migrent d'est en ouest. Ces mouvements de populations ont donné naissance à l'Europe d'aujourd'hui.

De longs voyages

Qu'ils soient **guerriers**, **commerçants** ou **pèlerins**, les voyageurs empruntent de vieilles routes, sur terre ou par mer : celle de la Soie, qui relie l'Asie à la Méditerranée ; celles de la Méditerranée à l'Atlantique et à la Baltique ; celles des pèlerinages vers Jérusalem, le mont Saint-Michel ou Compostelle, en Espagne.

Vers des mondes lointains

Il faut des années pour franchir les Alpes ou la Méditerranée. On raconte des légendes effrayantes sur la Chine ou l'Afrique. Pourtant, le Moyen Âge a connu de **grands découvreurs** : le Viking Érik le Rouge en Islande, Marco Polo en Chine, Christophe Colomb en Amérique !

Des voyages pas si tranquilles !

Naufrages, **pillages**, **maladies** guettent les voyageurs. Ils ont toujours une bonne raison pour voyager : pèlerinage, commerce ou guerre, comme lors des **croisades** où s'affrontent chrétiens et musulmans pour la conquête de la Terre sainte, mais aussi pour l'or et les épices.

QUIZ

1. Le Moyen Âge dure :
a. 100 ans
b. 1 000 ans

2. Qui commande au Moyen Âge ?
a. La maîtresse
b. Le roi

3. Le fief est la terre de qui ?
a. D'un seigneur
b. D'un dragon

4. Où vivent les paysans ?
a. Dans la forêt
b. Dans des villages ou des fermes

5. Qu'élève-t-on au Moyen Âge dans les étangs ?
a. Des poissons
b. Des canards
c. Des grenouilles

6. Que mangeait-on beaucoup au Moyen Âge ?

a. Du pain
b. Du chocolat
c. Des frites

7. Les premiers châteaux sont bâtis :

a. en paille
b. en marbre
c. en terre et en bois

8. Les vilains doivent acheter leur pain :

a. au four du seigneur
b. à la grande ville la plus proche

9. Au Moyen Âge :

a. les artisans sont peu expérimentés et il n'y a pas de commerce
b. se tiennent de très grandes foires et les artisans sont très ingénieux

10. À la table des riches seigneurs on trouve parfois :

a. du lion et des chips
b. du paon et de la baleine

11. Pour payer un commerçant au Moyen Âge on a dans sa bourse :

a. des euros

b. des francs

c. de la monnaie en bronze

12. Au Moyen Âge, on peut faire de grands voyages :

a. en bateau et sur les routes

b. en bateau et en montgolfière

c. personne ne voyage à l'époque

13. Qui étudie le Moyen Âge ?

a. Les spécialistes des fées et des dragons

b. Les archéologues et les historiens

14. Quels dangers guettent les habitants des villes au Moyen Âge ?

a. Les incendies et les épidémies

b. Les pots d'échappement des charrettes

15. Les poteries sont souvent retrouvées par les archéologues :

Vrai

Faux

16. À la fin du Moyen Âge :

a. le monde est toujours très moyen

b. il fait sombre tout le temps

c. de grandes découvertes ont lieu

Réponses

1b – 2b – 3a – 4b – 5a – 6a – 7c – 8a – 9b – 10b – 11c – 12a – 13b – 14a – 15 Vrai – 16c

DANS LA MÊME COLLECTION :

Avec l'Inrap

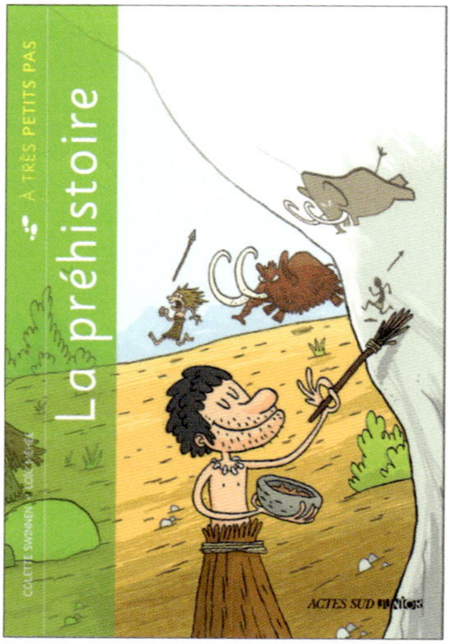

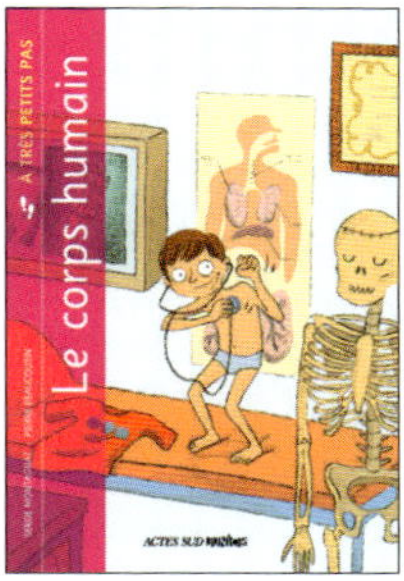
À TRÈS PETITS PAS
Le corps humain
ACTES SUD junior

À TRÈS PETITS PAS
Le climat
ACTES SUD junior

À TRÈS PETITS PAS
Le ciel
ACTES SUD junior

À TRÈS PETITS PAS
La santé
ACTES SUD junior

À TRÈS PETITS PAS
L'écologie
ACTES SUD junior

À TRÈS PETITS PAS
La vie des animaux
ACTES SUD junior

À TRÈS PETITS PAS
Les volcans
ACTES SUD junior

À TRÈS PETITS PAS
Les aliments
ACTES SUD junior

À TRÈS PETITS PAS
Les inventions
ACTES SUD junior

À TRÈS PETITS PAS
Les pirates
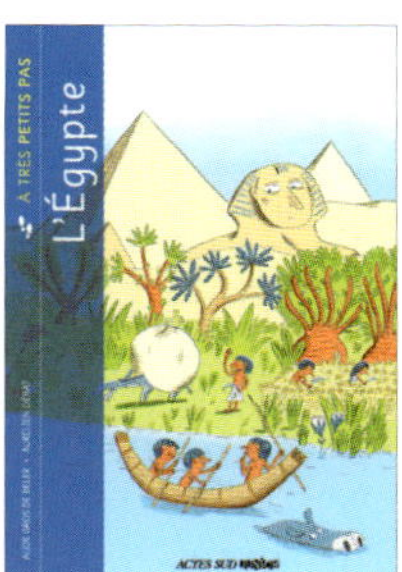
À TRÈS PETITS PAS
L'Égypte
ACTES SUD junior

À TRÈS PETITS PAS
La forêt
ACTES SUD junior

À TRÈS PETITS PAS
Les Indiens d'Amérique

À TRÈS PETITS PAS
La mer et les océans
ACTES SUD junior